E TENHO DITO, PALAVRA DE HONRA!

Os cem dias de truculência e Morte no Brasil

Crônicas de Jorge Tannus

José Jorge Tannus Jr.
E TENHO DITO, PALAVRA DE HONRA!

Dedico essas crônicas diárias
ao meu maior amigo e incentivador,
Meu Pai.

José Jorge Tannus Jr.
E TENHO DITO, PALAVRA DE HONRA!

JUSTIÇA SEM VIRTUDE É DIREITO SEM ALMA

A vida de nós todos é repleta de problemas, questões que se apresentam de forma turbulenta e nos tiram a paz, além, é claro, de perseguições de inimigos, que por vezes, surgem do nada.

Os piores inimigos, os mais audaciosos, arbitrários, contundentes, são os que utilizam sua posição, importantíssima, de representantes do Estado de Direito e suas funções privilegiadas para impor ao cidadão comum, suas idiossincrasias.

José Jorge Tannus Jr.
E TENHO DITO, PALAVRA DE HONRA!

Esse tipo de comportamento disfarçado, camuflado pela legalidade, tem acarretado às nossas Instituições enorme descrédito, além de desencadearem injustiças de toda ordem.

Evidente que há exceções honrosas e dignas que mantém a atividade pública em padrões onde a dignidade da pessoa humana está acima dos interesses pessoais mesquinhos e desprezíveis, a eles nossos profundos respeitos.

José Jorge Tannus Jr.
E TENHO DITO, PALAVRA DE HONRA!

É a minoria que criticaremos a seguir com veemência.

No que diz respeito aos aposentados, pensionistas e assistidos, o tratamento legislativo, executivo, no campo institucional é equivalente ao reiterado desprezo, eivado da 'inutilidade' inerente da condição de improdutividade que o final de vida concede aos 'inúteis idosos', sob a ótica do estado 'produtivo' e parasitário.

'Inúteis' talvez seja a palavra mais amena para entendermos o descaso no tratamento concedido aos idosos nesse país.

José Jorge Tannus Jr.
E TENHO DITO, PALAVRA DE HONRA!

Quanto ao Poder Legislativo, Apesar dos novos tempos, ainda prevalece o sentimento de que o povo é um ente abstrato e sem alma.

Assim somos tratados.

O judiciário se comporta como o 'cumpridor' de metas impostas pelo CNJ, cujos resultados estatísticos estão acima de tudo e de todos, situando em segundo plano os limites da lei que deveria condicioná-lo a observar de forma neutra as partes, a lide, a lei, para proferir sentenças imparciais, fundamentadas, motivadas e aplicadas ao caso concreto,

José Jorge Tannus Jr.
E TENHO DITO, PALAVRA DE HONRA!

ouvidas as testemunhas, as provas, de forma isenta, sem pré-julgamentos, sem posições radicais de autoritarismo moral ou legal.

Infelizmente, nos parece que em certos momentos o judiciário quer ocupar espaço do legislativo, quer ser o divisor de águas da hombridade e se afunda no seu próprio ego de independência sem harmonia, sem poupar nem mesmo seus servidores ou seus julgadores.

As vítimas causadas pela arrogância judicial são inúmeras espalhadas pelo país, caladas, conformam-se com suas perdas e cumprem seu jugo de dor sem face, mas isso é muito pior quando o injustiçado é do corpo de servidores.

Hoje, o Estado não poupa nem mesmo os aposentados de suas entranhas, as pensionistas, os professores, serventuários explorados e indefesos nas mãos da 'impessoalidade tendenciosa' dos julgamentos que exigem o cumprimento das obrigações financeiras que sempre são adiadas pela falta de recursos.

Vitórias na justiça viram derrotas, viram precatórios, que na verdade,

José Jorge Tannus Jr.
E TENHO DITO, PALAVRA DE HONRA!

foram criados porque há falta de administração das verbas do povo em benefício das cúpulas institucionais brasileiras, ricas, abastadas e corporativistas.

O corporativismo tomou conta de todas as instituições que se protegem contra as necessidades do povo, contra os amigos da verdade, contra aqueles que lutam para expor as mazelas e as picaretagens de algumas autoridades que se beneficiam da legalidade em prejuízo dos valores humanos.

Justiça, palavra muito propagada, que perdeu sua essência.

José Jorge Tannus Jr.
E TENHO DITO, PALAVRA DE HONRA!

Justiça sem virtude é o caminho para a vingança estatal, nas mãos de quem a usa em benefício próprio.

Justiça sem clemência é somente uma palavra sem virtude.

Há inimigos do Estado Democrático de Direito espalhados por todas as nossas Instituições.

E TENHO DITO,

PALAVRA DE HONRA!

José Jorge Tannus Jr.
E TENHO DITO, PALAVRA DE HONRA!

TEMPESTADES NO RIO E TORMENTAS EM BRASÍLIA

O Rio de Janeiro continua lindo, mas submerso pelas inesperadas águas de abril.

Chuvarada que fez mortos e mantém inúmeras pessoas isoladas pelos lagos imensos que surgiram e que não escoam por inúmeros motivos.

É claro que a ocupação desordenada tende a complicar a vida dos moradores somada às inconsequentes desovas de produtos velhos, lixo, entre outros detritos, feitos sem critério pelos terrenos ou ruas da cidade, desovados pela própria população.

Apesar dessa cultura irresponsável, a prefeitura do Rio credita à falta de dinheiro sua incapacidade de completar obras de saneamento, entre outras que, diretamente, são responsáveis pelos alagamentos espalhados pela cidade maravilhosa.

Os políticos torcem para a estiagem chegar, é mais fácil contornar as críticas pela falta do que pelo excesso de água.

José Jorge Tannus Jr.
E TENHO DITO, PALAVRA DE HONRA!

Político gosta somente de elogios e as críticas são feitas sempre pela 'oposição maldosa'. Em Brasília também há instabilidades.

Nesse sentido, o governo Bolsonaro agiu rapidamente, para evitar tormentas e substituiu o Ministro Ricardo Vélez do Ministério da Educação pelo professor Abraham Weintraub que, aparentemente, é do ramo e deve colocar a casa em ordem.

O ex-ministro entra no ostracismo, lugar que jamais deveria ter deixado e deve ser esquecido em curtíssimo espaço de tempo.

José Jorge Tannus Jr.
E TENHO DITO, PALAVRA DE HONRA!

Entre chuvas e trovoadas, estrondos e relâmpagos o estrago causado no Rio de Janeiro talvez seja pequeno se comparado com as bombas que acabam estourando no colo do Presidente Bolsonaro, que apesar de falar tudo o que pensa, vez por outra, acerta a mão e com isso mantém a governabilidade com capa, guarda-chuva e galochas em meio a tantas tempestades políticas.

E TENHO DITO,

PALAVRA DE HONRA!

José Jorge Tannus Jr.
E TENHO DITO, PALAVRA DE HONRA!

CEM DIAS DE BOLSONARO

Quem diria! Cem dias se passaram.

Foram cem dias imensos, intensos, tensos e cheios de 'papo furado', ideologia extremista, violência, truculência e acusações à mídia porque ela não deixa de lado nenhuma indiscrição do governo e dos governantes.

Quanto ao 'papo furado', que continua de forma hilária, sem novidades, simplesmente, trocou-se o limite vocabular do ex-presidente Lula, que usava imagens do futebol e verbalizava seu otimismo ou frustração com erros e acertos do governo daquela época, pela linguagem matrimonial de Bolsonaro.

O atual presidente só fala em namoro, noivado e tem fixação na perseguição paranoica dos meios de comunicação, aliás, igual ou maior que a dos governos petistas.

O futebol está para Lula como o relacionamento amoroso para Bolsonaro.

O primeiro tinha o desejo de marcar o gol, o segundo almeja

escutar sempre o 'sim' do desejo, o 'sim' da aprovação.

Para Lula, o resultado final foi a expulsão e a reclusão, para Bolsonaro ainda não se sabe se o casamento firmado nas eleições vai durar ou se transformar em divórcio, por enquanto é uma união 'quase' estável, que a cada dia perde qualidade.

O troca-troca dos ministros começou com a queda de Bebianno, agora o Ricardo Vélez caiu depois do estrago que fez no Ministério da Educação com sua altiva incompetência pedagógica ou desarticulação ministerial, e a coisa não vai parar por aí.

Ricardo Vélez era um anônimo que em cem dias passou a ter o currículo desvalorizado pela popularidade.

Um amigo me dizia que preferia sempre ser uma eminencia parda e esquecida, assim ninguém conheceria seus defeitos gravíssimos e sua incompetência trivial.

Vélez foi tarde!

José Jorge Tannus Jr.
E TENHO DITO, PALAVRA DE HONRA!

Cem dias e quase nenhum projeto aprovado, nem mesmo conseguiu o povo armado, apesar das tentativas apresentadas que ainda serão votadas, regulamentadas.

A cada medida provisória novas polêmicas, a cada projeto apresentado ministros irritados e sem jogo de cintura para driblar os 'pais da noiva', ou seja, os parlamentares de oposição, que aproveitam para aparecer do ostracismo, órfãos que são de suas lideranças, quase todas presas.

Cem dias de muito 'diz que me disse', de fogo cruzado pelos parentes, amigos e inimigos, de crise atrás de crise amortecida pelo exército, quem diria.

Aguardemos para ver o que vem por aí, pois 'quem sabe faz a hora não espera acontecer'.

E TENHO DITO,

PALAVRA DE HONRA!

José Jorge Tannus Jr.
E TENHO DITO, PALAVRA DE HONRA!

O BRASIL PRECISA DE UM MINISTRO DA EDUCAÇÃO DE VERDADE!

Amanhã, segunda-feira, continuaremos sem um Ministro da Educação?

Esperemos que o cargo vago, embora ocupado pelo atual, seja regido por um maestro da pedagogia que entenda, ao menos, das questões mais elementares do ensino nacional.

Que seja um profissional experiente com currículo pratico nas relações do ensino-aprendizagem e acima de tudo ético e cheio de vontade de

José Jorge Tannus Jr.
E TENHO DITO, PALAVRA DE HONRA!

transformar o país do 'faz de conta' do ensino superior, que enriqueceu muita gente e continua a enriquecer, no país que forma de verdade.

A formação acadêmica é fundamental para a grande mudança social, econômica e se levarmos em conta que o conhecimento transforma o mais tosco dos seres em alguém capaz de se conduzir pelo mundo, então precisamos de um desses 'caboclos' no poder.

O ensino público não dá conta da demanda educacional do país e as universidades e faculdades isoladas particulares recebem o povo verdadeiro, das origens brasileiras.

A universidade particular é democrática e, embora, continuem caras, quando perdem o financiamento dos cofres públicos, encontra saídas criativas por meio dos descontos, dos atrativos financeiros capaz de motivar até o mais humilde dos cidadãos.

Na verdade, a revolução educacional não virá pelas universidades particulares, haja vista que as públicas continuam elitistas e cheias de cabides de emprego, ressalvadas as exceções

José Jorge Tannus Jr.
E TENHO DITO, PALAVRA DE HONRA!

honrosas que existem e devem ser poupadas das críticas mais contundentes.

A verdadeira revolução do ensino começa a despontar de dentro dos cárceres.

Sim, os reeducandos de certos presídios estudam e se formam em supletivos, cursos superiores e tudo isso financiado pelo estado prisional.

Essa é a verdadeira face do Estado que pune aquele que está livre e privilegia o preso, aliás, que estuda em tempo integral, pelo menos até o cumprimento de sua pena.

A verdadeira revolução cultural e educacional do país começou dentro dos presídios, morada de mais de setecentos mil apenados, estatística capenga se pensarmos que fora dos Estados mais ricos pouco se sabe sobre o contingente prisional.

É hora de encararmos a realidade, o atual ministro não reúne condições mínimas para entender esses fenômenos que brotam das masmorras, quanto mais dos que afloram do sistema oficial.

José Jorge Tannus Jr.
E TENHO DITO, PALAVRA DE HONRA!

É hora de mudança radical.

É hora de parar de brincar de herói e bandido e arregaçar as mangas contra o atraso e a burrice que são emanadas das ideologias híbridas e sem respeito pela dignidade da pessoa humana.

É hora de recomeçar sempre!

E TENHO DITO,

PALAVRA DE HONRA!

José Jorge Tannus Jr.
E TENHO DITO, PALAVRA DE HONRA!

O GOVERNO DISPUTA O TROFÉU DA "BURRICE EBÚRNEA"

Tenho saudade das expressões, que poderiam ser classificadas como de uma 'burrice ebúrnea', proferidas por meio de frases alopradas e sem nexo nenhum, que compunham os textos dos discursos da ex-presidente Dilma Rousseff.

Ao menos eram extremamente engraçados.

Todos devem se lembrar da ideia absurda de estocar ventos, ou ainda de saudar a mandioca, entre outras frases desconexas, como a

José Jorge Tannus Jr.
E TENHO DITO, PALAVRA DE HONRA!

que se referia ao menor, ou, especificamente, às crianças, que sempre, segundo ela, seriam seguidas por um cachorro.

A ex-presidente foi de uma incompetência singular, o que resultou no processo de cassação que a 'impichou' do trono.

Mesmo assim, arruinando a economia nacional, na contramão dos ensinamentos de seu líder mor, ela era extremamente engraçada, bisonha e, de certa forma, folclórica.

Muito bem, esse desastre governamental passou.

José Jorge Tannus Jr.
E TENHO DITO, PALAVRA DE HONRA!

Depois dela, pensávamos estar livres das crises, mas não foi o que aconteceu.

Seu sucessor, político enraizado no poder há décadas, mesmo acusado de corrupção, gravado em flagrante, filmado, traído, escorraçado pela oposição, manteve a ordem pública e estabilizou o caos econômico que sua antecessora estabeleceu no país.

Temer, apesar dos pesares, manteve-se altivo, embora tenha desencadeado aquilo que a oposição petista chama de golpe.

José Jorge Tannus Jr.
E TENHO DITO, PALAVRA DE HONRA!

Depois dele fomos agraciados com o atual presidente.

O presidente Bolsonaro não tem papas na língua, fala o que bem entende, sem hora marcada.

Dispara qualquer pensamento sem medir consequências como se fosse um jovem impulsionado pelos hormônios latentes, incontroláveis.

Critica tudo com a ótica parcial da estrutura militar que defende há quarenta anos e não conseguiu perceber que o povo o elegeu na esperança de melhorar de vida.

José Jorge Tannus Jr.
E TENHO DITO, PALAVRA DE HONRA!

A língua ferina dispara tiros inconsequentes, atinge aliados e segrega todos que considera corruptos.

Diminuiu a classe política.

Há uma ideia equivocada de negociação política enraizada nos parlamentos brasileiros.

Emendas são fonte de negociação dos parlamentares na busca de recursos para seus estados de origem.

São elas que podem, relativamente, ser negociadas.

José Jorge Tannus Jr.
E TENHO DITO, PALAVRA DE HONRA!

Não se trata de corrupção ceder verbas legítimas para conseguir acordos.

Repita-se, verbas legais, legítimas, oficiais e que, podem, pelo poder discricionário inerente à administração pública e ao administrador, atrair ou não apoio legislativo.

Isso não é corrupção, faz parte do jogo parlamentar.

Corrupção é outra coisa.

É espúria porque não tem transparência, acontece nos bastidores e privilegia a pessoalidade e não o bem comum.

José Jorge Tannus Jr.
E TENHO DITO, PALAVRA DE HONRA!

A truculência do bateu levou, não pode compor o cenário político do governo.

A arte de governar é complexa e exige que o administrador saiba ouvir mais do que falar.

Quando idealizamos o herói, o fazemos pelos seus méritos e não pelos seus defeitos.

A diplomacia exige sabedoria.

Não cabe ao presidente abordar todos os assuntos, inclusive os que desconhece.

José Jorge Tannus Jr.
E TENHO DITO, PALAVRA DE HONRA!

A 'burrice ebúrnea' de sua colega não pode ser um troféu disputado pela ignorância ideológica ou histórica.

Por enquanto, as atitudes ríspidas da presidência e de alguns de seus ministros nos transmitem a sensação de que há elefantes sentados em uma casa de chá, saboreando em xícaras de porcelana delicadíssimas, momentos especiais, sem a devida polidez.

A rusticidade dos elefantes vai moer a delicada porcelana e com isso fragilizar ainda mais as possibilidades de mudanças, importantíssimas para o país.

Aulas de etiqueta política são recomendadas aos líderes dos poderes nacionais.

Saber ouvir, falar menos e agir mais, fórmula muito simples, que pode ser aprendida a qualquer tempo e por qualquer pessoa.

E TENHO DITO,

PALAVRA DE HONRA!

José Jorge Tannus Jr.
E TENHO DITO, PALAVRA DE HONRA!

PRESIDENTE BOLSONARO RETORNA DE ISRAEL MAIS CEDO

O Presidente Bolsonaro encurtou sua viagem a Israel, antecipando o retorno ao país.

A visita polêmica gerou novos embates entre os ideólogos de direita em virtude dos posicionamentos híbridos e desnecessários sobre temas de absoluta irrelevância.

A sociedade contemporânea não está afinada ao saudosismo radical do golpe de 64 e tampouco com o posicionamento histórico, moral que envolve o nazismo e a segunda guerra mundial.

José Jorge Tannus Jr.
E TENHO DITO, PALAVRA DE HONRA!

Aliás, o ensino médio pouco informa sobre esse trágico período da história mundial e sobre os efeitos nefastos das ditaduras de direita e de esquerda que rasgaram direitos e garantias fundamentais do ser humano.

O passado deve ser, primeiramente, estudado para posteriormente ser transformado em experiências validas para a evolução das sociedades.

Não sou saudosista, quero que o país evolua e continue no rumo maior preceituado na garantia do Estado de Direito dentro dos princípios da Democracia.

José Jorge Tannus Jr.
E TENHO DITO, PALAVRA DE HONRA!

O Brasil é um país soberano.

Temos nos deparado com radicais de esquerda e de direita que precisam trabalhar mais e falar menos.

O golpe de 64, ou as ideias fascistas, nazistas, não enchem o estômago do desempregado.

Não acrescentam nada ao povo faminto, carente de segurança pública, educação, saúde, infraestrutura básica de saneamento e muito menos aos aposentados e pensionistas.

Política e ideologia são importantes para os intelectuais

diletantes da vida e não geram postos de empregos, não promovem o aumento da riqueza de nossa sociedade.

Preconceitos e radicalismos geram violência e discriminação.

O Estado brasileiro deve começar a pensar no povo que aqui vive.

O governo eleito pelo povo deve trabalhar para todos.

E TENHO DITO,

PALAVRA DE HONRA!

José Jorge Tannus Jr.
E TENHO DITO, PALAVRA DE HONRA!

PREVIDÊNCIA: CADA UM POR SI E O POVO QUE SE DANE!

Previdência: cada um por si e o povo que se dane!

A realidade é uma só, todos os segmentos que mandam no país, servidores e militares mantêm suas garantias sobre todos os aspectos da vida.

Militares, apesar dos queixumes do soldo defasado, nada gastam com habitação, saúde, escola de filhos, alimentação, entre outras necessidades básicas para sua sobrevivência e, mesmo assim, embutiram aumentos de vencimentos no acordo do projeto de reforma previdenciária que vai tramitar no parlamento.

Ganharam em cima da miséria do povo.

Servidores, principalmente, os da alta classe, tem garantias excepcionais de remuneração, se comparados aos miseráveis que são segurados pelo Regime Geral, eles podem ficar tranquilos com suas aposentadorias e pensões, em detrimento da sobrevivência dos velhos excluídos dispensáveis que são do 'povão'.

José Jorge Tannus Jr.
E TENHO DITO, PALAVRA DE HONRA!

O que a reforma da previdência deseja evidenciar é que há categorias de seres humanos diferentes no país.

Os essenciais e os dispensáveis.

Os essenciais são os integrantes dos poderes públicos, incluindo-se todos os que lutam pelos valores imorais de seus vencimentos, evidentemente; valores imorais se comparados com os recebidos pela grande maioria da população brasileira que nunca teve voz, nem mesmo nos governos de esquerda que aqui passaram.

José Jorge Tannus Jr.
E TENHO DITO, PALAVRA DE HONRA!

O abismo entre soldos e vencimentos com os salários pagos ao trabalhador do sistema privado é de uma distância abissal e não há eleição que mude essa condição, pois o Estado está em primeiro lugar, acima de tudo e de todos.

Na reforma também está prevista a seleção natural de 'extinção do assistido', do desamparado e dos doentes, principalmente, com as regras desumanas que pretendem, de forma radical, diminuir recursos desses, aparentemente, 'seres dispensáveis'.

Esse é o recado do novo projeto.

José Jorge Tannus Jr.
E TENHO DITO, PALAVRA DE HONRA!

Recado antigo que a crise financeira intensifica.

Há dentre a estrutura de nosso país pessoas dispensáveis e outras imprescindíveis, notáveis.

São os dispensáveis, os que usufruem da bondade, das sobras, da caridade do Estado que procura manter Direitos somente para quem tem voz, para os mandatários.

É uma pena que falte solidariedade, respeito e espírito cristão na ação de nossos parlamentares.

José Jorge Tannus Jr.
E TENHO DITO, PALAVRA DE HONRA!

A injustiça social é perceptível nas feiras, nos supermercados, nas farmácias e na falta de emprego.

O salário que atinge a casa dos mil reais é uma querela se comparado aos mais de trinta mil recebidos pela elite 'pagã' do país.

Lamento, que sempre sejam os mesmos a usurpar dos mais pobres e a impor a miséria e o sofrimento à maior parte da população brasileira.

Esquerda e direita deveriam se unir definitivamente, pois ambas têm acentuado, durante muito tempo, a hipócrita sensação de que

José Jorge Tannus Jr.
E TENHO DITO, PALAVRA DE HONRA!

cada uma delas pode mudar a vida da sociedade e, na verdade, somente mudaram para melhor a vida de seus próprios integrantes.

E TENHO DITO,

PALAVRA DE HONRA!

José Jorge Tannus Jr.
E TENHO DITO, PALAVRA DE HONRA!

GOVERNO PRECISA FALAR MENOS E AGIR MAIS

Truculência e diplomacia são opostos que não combinam entre si.

O governo Bolsonaro sofre de uma doença genética ideológica que tem causado consequências ruins para todos.

Questiúnculas tomam o protagonismo das relações políticas com embates, confrontos, recheados pelas ironias vazias, sarcásticas, que refletem a necessidade infantil de ofender adversários.

José Jorge Tannus Jr.
E TENHO DITO, PALAVRA DE HONRA!

Na mentalidade dos radicais que compõem a esquerda e a direita só há inimigos interessados na destruição um do outro, enquanto isso, o povo que tem mais fome do que bandeira, continua a sofrer os impactos dessa guerra verborrágica travada entre os que recebem generosos proventos à custa dos impostos cruéis que devoram cada gotícula de sangue da cidadania.

Bolsonaro tem uma missão, mas seus comandados estão longe dos objetivos que ele, supostamente, tenha traçado.

José Jorge Tannus Jr.
E TENHO DITO, PALAVRA DE HONRA!

Ministérios desarticulados, ministros que a cada entrevista levantam a possibilidade de 'sair do governo', geram, de dentro para fora da estrutura de estado, inúmeras incertezas que se multiplicam pela precária economia ansiosa de estabilidade moral e psicológica, que até agora não existiu.

Três meses se passaram e os 100 dias, que deveriam ser de namoro entre o líder e seu povo, se transformam em campo de batalha.

José Jorge Tannus Jr.
E TENHO DITO, PALAVRA DE HONRA!

Bolsonaro fala demais e expõem seus pensamentos com a ironia de quem quer provocar o caos.

Ele precisa calar e agir mais.

O silencio é uma arma e quando rompido sem necessidade cria ou desmonta a imagem icônica do herói.

O herói vivo é ser imperfeito, é falho, erra, enfim é humano.

As Reformas precisam acontecer com o espírito da democracia e da urbanidade e esses caminhos parecem distantes, nesse momento.

José Jorge Tannus Jr.
E TENHO DITO, PALAVRA DE HONRA!

É hora de reverter as expectativas geradas pela truculência.

É hora de calar.

É hora de agir.

E TENHO DITO,

PALAVRA DE HONRA!

José Jorge Tannus Jr.
E TENHO DITO, PALAVRA DE HONRA!

NEGOCIAR COM O PARLAMENTO NÃO É O MESMO QUE CORROMPER A POLÍTICA

Quem confunde sistema presidencialista de coalizão com moeda de troca para corrupção, na verdade não entende o processo de negociação que envolve o parlamento e o executivo.

Negociar não significa agir contra a ética, não, de maneira alguma.

Negociar significa associar interesses legítimos dos políticos, eleitos que são pelo povo, para em

José Jorge Tannus Jr.
E TENHO DITO, PALAVRA DE HONRA!

nome desse povo conseguir recursos que serão aplicados, conforme a lei, na melhoria da qualidade de vida dos cidadãos.

O deputado federal é eleito para, também, conseguir verbas para sua região, para seu Estado, logo, seguindo os preceitos mais elementares do silogismo lógico, ele deve negociar com o executivo maneiras para que isso ocorra.

Essa é a moeda de troca.

O parlamentar apoia um projeto do governo e em troca emendas legítimas são destinadas para fins honestos e lícitos.

José Jorge Tannus Jr.
E TENHO DITO, PALAVRA DE HONRA!

A velha política criticada pelo governo continua a mesma, porém o que deve ser extirpado é o caixinha, a corrupção, o toma lá dá cá, a imoralidade, o interesse pessoal, particular, mesquinho, o resto continua tudo da mesma forma.

Sem apoio na Câmara, o Presidente está fadado a não conseguir governar e, se não mudar o foco imediatamente, vai continuar a ser derrotado nas votações mais pueris.

Os temas do Presidente têm que começar a ser direcionados para objetivos que valham a pena.

José Jorge Tannus Jr.
E TENHO DITO, PALAVRA DE HONRA!

Vamos deixar de lado o passado, comemorar aniversário de golpe militar está fora de moda, o que interessa é colocar ordem na casa, a começar com a reforma da previdência e de lambuja, quem sabe, trocar o sofrível ministro da educação.

Olha Presidente, o esquema é muito simples, o governo tem que se empenhar em buscar o maior número de adeptos possíveis para os seus projetos, quaisquer sejam eles, e, assim, com apoiadores, vai conseguir aprová-los e realizá-los, do contrário, nada fará.

José Jorge Tannus Jr.
E TENHO DITO, PALAVRA DE HONRA!

O governo Bolsonaro precisa entender essa dinâmica da política, ainda dá tempo de salvar o mandato.

E TENHO DITO,

PALAVRA DE HONRA!

José Jorge Tannus Jr.
E TENHO DITO, PALAVRA DE HONRA!

PRENDER PARA INVESTIGAR NÃO É REGRA DA DEMOCRACIA

O Estado Democrático de Direito exige que todas as Instituições nacionais se comportem de acordo com as regras básicas firmadas pela Constituição, pelos acordos, pactos e tratados internacionais.

Prender réu primário de bons antecedentes deve ser exceção justificável pelos fundamentos legais e não pode, jamais, surgir dos sentimentos passionais, ou da

José Jorge Tannus Jr.
E TENHO DITO, PALAVRA DE HONRA!

pessoalidade, que por vezes, envolve a autoridade pública.

Prisões representam a última ratio.

Salvo pelo que a lei prevê, o réu primário, com endereço fixo, carteira de trabalho ou qualquer prova de sua atividade digna precisa ser respeitado e, caso haja a necessidade de sua prisão, ela deve acontecer dentro dos limites expressos pela legislação penal.

Prender para investigar é ato de arbítrio que vai na contramão do Estado de Direito.

Prender suspeitos, quer pela cor, pela aparência de pobreza, quer

José Jorge Tannus Jr.
E TENHO DITO, PALAVRA DE HONRA!

pela maneira de olhar, andar ou falar é preconceito, é discriminação, é racismo, intolerância e ninguém tem o direito de se considerar acima de ninguém.

Todos são iguais perante a lei e devem ser tratados com equidade e respeito.

As regras da prisão temporária e da prisão preventiva prescindem de condições para que aconteçam e, utilizadas de forma usual, banal, transformam os direitos e garantias fundamentais em meras alegorias jurídicas.

José Jorge Tannus Jr.
E TENHO DITO, PALAVRA DE HONRA!

É necessário entender que o aparato do Estado apresenta recursos imprescindíveis para que as investigações aconteçam de forma a garantir a segurança jurídica a todos os cidadãos.

A banalização da prisão para mero depoimento coativo se contrapõe aos princípios que regem a busca pela verdade e desvirtuam princípios cognitivos tanto de quem é inquirido, quanto de quem pretende formar o juízo de valor.

Óbvio é que a prisão para obter depoimentos favoráveis à acusação desequilibra a relação processual e influencia a opinião

José Jorge Tannus Jr.
E TENHO DITO, PALAVRA DE HONRA!

pública contra qualquer possibilidade concreta da defesa do acusado, senão pelos fatos a ele impostos, ou pela repercussão irreversível decorrente de uma prisão descabida.

Intimar, aguardar o comparecimento, ouvir o investigado sem a mão de império do Estado parece que saiu de moda.

A lei de abuso de autoridade deve comprometer o Estado e seus agentes ao estrito cumprimento do dever em todas as esferas institucionais.

José Jorge Tannus Jr.
E TENHO DITO, PALAVRA DE HONRA!

É chegada a hora de responsabilizarmos os representantes do Estado de Direito para que atuem dentro das regras constitucionais para que não distanciem da tão sonhada e almejada busca pela justiça.

O Estado contemporâneo não está atrás de vingança punitiva.

Punir a qualquer preço é ferir de morte a democracia.

E TENHO DITO,

PALAVRA DE HONRA!

José Jorge Tannus Jr.
E TENHO DITO, PALAVRA DE HONRA!

BOLSONARO É UM SOLDADO

A reunião dessa manhã, feita com os ministros do governo, mostra o poder que há nas mãos do Presidente Bolsonaro, a ponto de afetar de forma positiva os mercados mais importantes da economia.

Queda do dólar e alta da bolsa são decorrentes das expectativas que surgem, praticamente, do nada.

Mais importante que ações concretas, o mercado financeiro acredita naquilo que parece ser o certo ou o errado, logo é preciso mostrar o caminho correto a seguir, sem 'mumunhas' que não interessam à nação brasileira.

O Presidente Bolsonaro tem a chance de mudar a realidade do país, mas tropeça em coisas sem nenhum significado, que precisam ser extirpadas do dia a dia do Planalto.

O povo não é de esquerda, tampouco de direita, o povo quer comer, ganhar seu salário, ter seu emprego, serviço de saúde adequado, para não dizer o mínimo.

José Jorge Tannus Jr.
E TENHO DITO, PALAVRA DE HONRA!

O povo fica do lado da estabilidade e é contra a corrupção enraizada no Estado e que se manifesta em todos os setores de diferentes maneiras.

Na política deve-se agir com cautela.

Primeiro, fortalecer a sua própria casa para depois enfrentar os confrontos e a diversidade.

Bolsonaro é um soldado.

Como tal sabe qual é o seu dever, mas para atingir o sucesso político deverá governar para toda a sociedade e não somente para um segmento, aquele que sempre o apoiou.

É hora de conhecer a diversidade do povo brasileiro.

Bolsonaro é presidente de todos e todos desejam o seu sucesso.

Há somente um inimigo que pode continuar desestabilizando o governo, esse inimigo é ele próprio.

Enquanto não houver diálogo entre os membros que compõem o governo federal, não haverá harmonia para a estabilidade do país.

José Jorge Tannus Jr.
E TENHO DITO, PALAVRA DE HONRA!

O líder é o presidente.

Sua arma principal deve ser o olhar e não a fala.

A palavra sempre encontra oposição, mas o olhar sereno, unido a ação concreta, espanta os fantasmas da oposição e abrem espaços novos de conversação.

O bate-boca é sempre um atraso desnecessário para quem pretende revolucionar a vida do país.

É hora de silenciar, é hora de agir, é hora de engatar a marcha do progresso e com isso calar a oposição para atrair os descrentes.

José Jorge Tannus Jr.
E TENHO DITO, PALAVRA DE HONRA!

Chega de verborragia tola, vamos acreditar e mudar a vida do povo sofrido do nosso país, que optou pelo atual chefe de Estado, que optou pelo Presidente Bolsonaro.

Optou pela mudança.

Então, é hora de mudar.

E TENHO DITO,

PALAVRA DE HONRA!

José Jorge Tannus Jr.
E TENHO DITO, PALAVRA DE HONRA!

MAIA E MORO - O PROJETO ANTICRIME NA GELADEIRA DO CONGRESSO

A independência e harmonia entre os poderes exigem muito tato e diplomacia para que os interesses do executivo, legislativo e judiciário possam se realizar.

A democracia e o estado de direito são facetas de diferentes entendimentos e cada poder a vê de maneira diversa.

Para o executivo a ação deve ser imediata, afinal quatro anos passam rapidamente e não se pode esperar, não há tempo a perder.

Governos que não realizam são inúteis, há desprestígio, desgastam líderes e fortalecem os opositores.

Quando ao legislativo, o tempo é o senhor de todas as virtudes e a discussão, a retórica, as críticas e o polimento final dos projetos que ele deverá aprovar, compõem a qualidade do presente e do futuro das leis que tendem a se perenizar.

O judiciário age, apesar dos esforços colaborativos do novo Código de Processo Civil, de maneira autocrática e impositiva e a tendência dos novos tempos é a de desvalorizar o legislativo com o ativismo exacerbado de alguns.

O judiciário ainda não se acostumou com os novos preceitos herdados da democracia, com a relação de colaborador na obtenção da justiça e com a real atuação social que seus membros e a sociedade do estado democrático de direito devem possuir.

Dessa forma, não nos parece estranha a relação entre executivo, que tem pressa para mostrar a que veio e a relação com o presidente da Câmara dos Deputados,

José Jorge Tannus Jr.
E TENHO DITO, PALAVRA DE HONRA!

Rodrigo Maia, que não se mostra receptivo ao projeto entregue pelas mãos do Ministro Moro.

Maia colocou o projeto anticrime na 'geladeira' do congresso e o encaminhou a uma comissão especial que terá noventa dias para apreciá-lo, prorrogáveis por mais noventa.

O ex-juiz, homem forte do governo Bolsonaro, não gostou da maneira pouco entusiasta de Maia e inconformado, disparou sua frustração pela mídia que tanto o prestigia.

José Jorge Tannus Jr.
E TENHO DITO, PALAVRA DE HONRA!

O fato é que o país não vai crescer no tapa, nem a fórceps, vai continuar na mesma toada de sempre, pelo menos é que demonstram as atitudes dos protagonistas da relação política nacional.

A diplomacia, a etiqueta, as boas relações entre os chefes da política, reúne-nos numa grande tribo.

E na taba da democracia, quando o pajé não quer o cacique não briga.

O mais importante é que aspectos pessoais não interfiram nas

José Jorge Tannus Jr.
E TENHO DITO, PALAVRA DE HONRA!

necessidades mais prementes do povo brasileiro.

A reforma da previdência promete sugar toda a energia do congresso e novos projetos devem acontecer dentro do contexto de urbanidade e respeito.

É bom lembrar que não existe a 'salvação da pátria' e que nossa história tem sido arrebatada por corruptos, parasitas, fraudadores, traidores e ladrões, mas também existem homens de bem que continuarão com o firme propósito de devolver o progresso e a esperança ao nosso tão sofrido povo.

José Jorge Tannus Jr.
E TENHO DITO, PALAVRA DE HONRA!

Povo espoliado pelos que definem todas as boas condições de vida somente para si próprios.

E TENHO DITO,

PALAVRA DE HONRA!

José Jorge Tannus Jr.
E TENHO DITO, PALAVRA DE HONRA!

O 'FORA TEMER' VIROU 'DENTRO TEMER'

Hoje gritar 'FORA TEMER' virou 'DENTRO TEMER'.

Preso o ex-presidente provocou um verdadeiro pânico em Brasília e seus companheiros mais próximos, ex-ministros, deverão compor a nova comitiva a prestar depoimentos para a Lavajato.

Lavajato que não morreu depois da votação do Supremo e continua cumprindo seu papel importante para a moralização do país.

Mas não fiquem os inimigos políticos alegres com a prisão do ex-presidente pois, trata-se de prisão que ainda será julgada pelas Cortes Superiores e se não reunir os quesitos legais, nos casos previstos pela lei penal, a saber:

"Art. 312. A prisão preventiva poderá ser decretada como garantia da ordem pública, da ordem econômica, por conveniência da instrução criminal, ou para assegurar a aplicação da lei penal, quando houver prova da existência do crime e indício suficiente de autoria'."

José Jorge Tannus Jr.
E TENHO DITO, PALAVRA DE HONRA!

Vejamos o quão perigoso é o ex-presidente.

A eventual revogação da prisão vai mostrar se ele pode ou não interferir no andamento das investigações, ou atrapalhar o curso processual ou ainda, coagir testemunhas.

O fato é que "TEMER NÃO ESTÁ FORA, ESTÁ DENTRO"

E agora, como fica o jargão que foi pintado em muros e estampado nas paredes espalhadas pelo Brasil e pelo Mundo?

Para não pichar com rasuras, talvez seja mais simples

José Jorge Tannus Jr.
E TENHO DITO, PALAVRA DE HONRA!

acrescentar um sinal circunflexo na frase emblemática do governo passado.

Sugestão: "FÔRA TEMER" dando o sentido de que, a partir de agora, ele 'não é mais'. (liberdade poética permite o uso do acento circunflexo).

Resta saber se a acentuação do verbo vai ser mais criticada ou elogiada do que a prisão do ex-presidente.

E TENHO DITO,

PALAVRA DE HONRA!

José Jorge Tannus Jr.
E TENHO DITO, PALAVRA DE HONRA!

SOMOS UM PAÍS DO PRIMEIRO MUNDO, FINALMENTE!

O presidente Bolsonaro chegou 'dos Estates' com notícias alvissareiras: O Brasil finalmente pertence ao primeiro mundo.

Deixamos nosso complexo de vira-lata para trás e de agora em diante nos associamos ao grupo de países mais ricos do planeta.

José Jorge Tannus Jr.
E TENHO DITO, PALAVRA DE HONRA!

Com isso os cidadãos dos países ricos como o próprio Estados Unidos, incluindo a Nova Zelândia, o Japão e o Canadá, não precisarão mais de vistos de entrada para usufruir das belezas tupiniquins.

E como prova de boa vontade não pedimos nenhuma reciprocidade.

Bolsonaro é uma espécie de primo pobre de Trump, onde há muita simpatia, cordialidade, troca de camisas das seleções e a convocação do presidente brasileiro para jogar no time Trump, o número 19 tornou oficial o novo Jair escalado.

José Jorge Tannus Jr.
E TENHO DITO, PALAVRA DE HONRA!

Não é o Jairzinho furacão, mas em termos de política conseguiu unir os dois mercados.

As negociações com Trump foram positivas e fomos reconhecidos como a oitava economia pujante cuja declaração-convite, ou sei lá eu o quê, o governo brasileiro passará a integrar a OCD - Organização de Cooperação e de Desenvolvimento Econômico.

Fica faltando somente a aprovação dos outros 33 países que integram esse órgão internacional que deve promover políticas de bem-estar sócia, entre outras medidas de

José Jorge Tannus Jr.
E TENHO DITO, PALAVRA DE HONRA!

valorização da dignidade da pessoa humana.

Entre frases e palavras 'bolsonarianas' conhecidas, o presidente construiu estruturas morfológicas que foram, agilmente, corrigidas pelos assessores e diplomatas, coisa habitual, que marca de maneira contundente o político sem papas na língua que ele é.

Do mais, sucesso estrondoso, só falta explicar para 200 e tantos milhões de brasileiros quando é

José Jorge Tannus Jr.
E TENHO DITO, PALAVRA DE HONRA!

que as taxas de desemprego vão começar a baixar.

E TENHO DITO,

PALAVRA DE HONRA!

José Jorge Tannus Jr.
E TENHO DITO, PALAVRA DE HONRA!

BOLSONARO E O 'GRANDE CHEFE BRANCO'

Enquanto o desenvolvimento contamina a maneira de ser dos chineses, nosso bloco ocidental tupiniquim enfrenta a realidade dos tolos e dos arrogantes que esperam superar os conflitos e a falta de emprego com o poder da voz mais estridente.

Os americanos têm uma economia gigantesca e receberam com cortesia nossos representantes, mas não adianta nada abrir nossos portos, eliminar vistos de entrada, romper com barreiras ligadas à soberania se não há contrapartida.

A base de Alcântara continua na pauta das negociações mais importantes, mas, infelizmente, vamos trocar miçangas em troca de simpatia.

É patético verificar que todas as nossas portas estão abertas e continuamos a ser tratados como invasores bastardos ou imigrantes indesejados.

De qualquer maneira, Trump e Bolsonaro falam a mesma língua e parece que se deram muito bem, resta que a reciprocidade aconteça.

Por enquanto, só nós levamos presentes ao 'grande chefe branco'.

E TENHO DITO,

PALAVRA DE HONRA!

José Jorge Tannus Jr.
E TENHO DITO, PALAVRA DE HONRA!

BOLSONARO E TRUMP - LAÇOS RADICAIS PARA O COMÉRCIO

Por mais que os números oscilem, estamos entre as maiores economias do mundo e nosso potencial é relevante para as grandes potencias, é hora de transformar esse credito em riqueza real.

O Presidente Jair Bolsonaro pisou nos Estados Unidos com a convicção de que iremos aumentar nossos laços com a América do Norte.

José Jorge Tannus Jr.
E TENHO DITO, PALAVRA DE HONRA!

Pela primeira vez em muitos mandatos, dois presidentes representam o pensamento radical de direita e podem se dar muito bem.

A *Blair House* é um sinal de que há respeito entre os chefes de Estado, haja vista que só é utilizada para alojar importantes mandatários.

Por trás de tamanha cortesia encontra-se a base de Alcântara, importante pela localização geográfica e que pode propiciar economia significativa para o lançamento dos foguetes estadunidenses, com economia de combustível de até 30%.

A localização da base é estratégica e há anos os americanos tentam negociar o uso daquele solo, o que anteriormente, foi acordado, porém a Câmara dos Deputados não autorizou.

Vale dizer, que mesmo que o presidente Jair Bolsonaro assine qualquer acordo dessa natureza, deverá enfrentar a possibilidade de assistir essa nova derrota, principalmente, pela desestruturação de sua base política, naquela casa.

Outros temas entrarão na pauta da viagem de Bolsonaro e ele estará bem acompanhado pelos superministros, Paulo Guedes e Sergio Moro.

Apesar da última palavra pertencer ao presidente, são dois grandes nomes que o acompanham e devem causar boa impressão aos americanos que aguardavam há muito por uma oportunidade de relacionamento, ímpar, como essa.

Esperemos que o presidente contenha seus ímpetos *tuiteiros* e evite lançar suas pérolas ácidas pela internet e que dessa vez, as portas de um grande parceiro comercial se abram com generosidade e muitos dólares na nossa balança comercial.

O atual governo deve se esforçar e muito para conquistar o parlamento interno, embora seus contatos, no plano internacional, precisem ser firmados com sabedoria e sensatez.

Aliás, duas qualidades que ainda não vimos por aqui.

E TENHO DITO,

PALAVRA DE HONRA!

José Jorge Tannus Jr.
E TENHO DITO, PALAVRA DE HONRA!

HORROR E MORTE NA ESCOLA RAUL BRASIL EM SUZANO

A tragédia da escola estadual de Suzano é um lamentável evento que mostra como a segurança pública precisa ser repensada no país.

Portões abertos, ausência total da ronda escolar, nenhum obstáculo e pronto o abate teve início por meio de jovens ensandecidos, loucos e sem nada a perder.

José Jorge Tannus Jr.
E TENHO DITO, PALAVRA DE HONRA!

Uma arma na mão, capuz e máscaras com faces de caveiras, uma balestra ou besta, equipamento de arco e flecha medieval de alto poder letal, encontrada por valores que variam de duzentos reais para mais e que qualquer um pode adquirir, entre outros artifícios mortais.

Os dois jovens assassinos, criminosos, homicidas, mataram estudantes do ensino médio e professores com a fúria que só a ignorância pode materializar.

A escola estadual Raul Brasil parecia um campo de batalha e de horror, incompatível com sua função pedagógica.

O ato de terror acompanhado pelo pânico da hora do recreio não poupou estudantes do ensino médio, tampouco suas famílias.

A escola do Rio de Janeiro, de Realengo, ainda está na memória das nossas mais inexplicáveis tragédias e também foi promovida por um louco arquiteto do mal.

Ontem, filhos e parentes dos alunos e professores despediram-se definitivamente de seus queridos.

José Jorge Tannus Jr.
E TENHO DITO, PALAVRA DE HONRA!

Eles não foram para a guerra, não participavam de grupos de milicianos, não faziam parte de organizações criminosas, eram, simplesmente, estudantes do ensino médio.

Tinham sonhos profissionais, vontade de constituir família, transformar-se em profissionais, sabe-se lá de que atividades e estudar para o vestibular, para o Enem, enfim, estavam se preparando para a continuidade da vida.

E pensar que sonhos podem ser interrompidos pelas mãos de loucos.

José Jorge Tannus Jr.
E TENHO DITO, PALAVRA DE HONRA!

Aos jovens mortos e aos que correm perigo de vida que recebam nossas orações mais sinceras e que suas famílias sejam amparadas pelo consolo do Anjo do Senhor e os envolva de forma confortadora para que tenham sua dor e suas lágrimas enxugadas pela mão de Nosso Senhor Jesus Cristo.

E TENHO DITO,

PALAVRA DE HONRA!

José Jorge Tannus Jr.
E TENHO DITO, PALAVRA DE HONRA!

DIA INTERNACIONAL DA MULHER

O estabelecimento do dia 8 de março como um padrão de respeito à Mulher é, no mínimo, uma maneira de resgate moral dos princípios e garantias fundamentais do ser humano desprezados por milênios.

Séculos de opressão machista de diferentes culturas civilizatórias ainda estão presentes, até mesmo no mundo ocidental.

Infeliz daquele que pensa que a delicadeza, a sensibilidade e a doação integral são fraquezas, pelo contrário, esses têm sido os diferenciais que fortalecem a alma e engrandecem o espírito, construindo com sutileza aquilo de bom que existe nas relações entre os seres humanos.

Onde há uma mulher, sofrida ou não, há uma guerreira implacável na busca da consolidação do conhecimento e do amor.

Na área do conhecimento nada há que se discutir; são elas que despontam em todas os setores, dedicam-se de maneira intensa e absoluta na formação e, por isso, destacam-se profissionalmente.

José Jorge Tannus Jr.
E TENHO DITO, PALAVRA DE HONRA!

Para tal constatação basta ser um observador desatento e perceber que os bancos escolares têm nas meninas, nas moças e nas senhoras, as melhores alunas, as mais dedicadas e competentes acadêmicas.

Tamanha vocação as espalha por todos os setores da vida.

São capazes de acumular inúmeras funções e atividades sem propagar seus feitos diários, que transformam a rotina, aparentemente simples, em epopeias, históricas que preencheriam os anais gloriosos das civilizações de todos os tempos.

A mulher é mãe, mas também supre a ausência do pai, é segurança econômica, despojada de apego e suficientemente altruísta para entender seu papel de ponte de ligação entre o amor desmedido e a realidade cruel do egoísmo presente na vida de quase todas as pessoas.

O ser e o ter na alma feminina ganham espaços de divindade.

Mas, ainda é cedo para que os padrões sociais reconheçam aquilo que a Declaração Universal, a

José Jorge Tannus Jr.
E TENHO DITO, PALAVRA DE HONRA!

Constituição Federal e os pactos internacionais, expressaram há muito, pois grande parte dos homens guarda dentro de si o preconceito, a discriminação e o germe do poder de subjugar a tudo e a todos.

É hora de mudança.

É hora de aceitarmos que todos são iguais perante a lei e mais ainda, é o momento de percebermos que a semelhança, a isonomia de direitos quando aplicada à mulher, esconde um trunfo, uma qualidade exponencialmente superior, a verdadeira face da integridade moral.

Quem tiver olhos para ver e ouvidos para ouvir com as fibras de sua essência que veja e ouça, pois é no silencio do desespero de uma mãe que percebemos o quanto ela é dotada do altruísmo; capacidade de dar de si, sem pensar em si; que a torna única nesse universo de seres egoístas e que pensam estar acima de tudo e de todos.

Dia Internacional da Mulher é o marco definido com o sangue e com o desprezo do passado, que precisa ser visto como ponto de

José Jorge Tannus Jr.
E TENHO DITO, PALAVRA DE HONRA!

mudança de comportamento para os narcisistas covardes que ainda não entenderam a grandeza da alma feminina.

E TENHO DITO,

PALAVRA DE HONRA!

José Jorge Tannus Jr.
E TENHO DITO, PALAVRA DE HONRA!

DIFERENÇA ENTRE PRESIDÊNCIA E PRESÍDIO

O presidente tem que agir em nome de todos.

Ora, não existe, ou pelo menos não deveria existir a pessoalidade em seus atos, senão gestos generosos e magnânimos.

Já o presídio, lugar escolhido para aqueles que não vivem segundo as regras sociais, lugar reservado para criminosos e desafetos do estado, é onde é limitada a liberdade de agir de quem não tem

José Jorge Tannus Jr.
E TENHO DITO, PALAVRA DE HONRA!

respeito pelo outro, pelo semelhante.

O presídio é a prisão da alma estabelecida com as paredes do esquecimento e da purgação diária, multiplicada, pelo desprezo que a sociedade deposita nos ombros do apenado.

Tanto o presidente como o presidiário vivem em prisões.

O primeiro, na prisão que exige o cargo, o pouco falar, o dizer acertado, a intimidade preservada, pois a nação não se interessa pela pessoa do homem que preside, mas do estadista que lidera as massas.

O segundo, na prisão da pena, da sentença condenatória que eternamente o rotulará como o criminoso pária da sociedade, mesmo depois de cumpri-la.

Os rótulos são para sempre.

Por isso, não confundamos presidência com presidio ou penitencia, com penitenciária, mas no fundo esses, ora substantivos, ora adjetivos, rotulam e impregnam os corpos e as almas para sempre.

E TENHO DITO,

PALAVRA DE HONRA!

www.ingramcontent.com/pod-product-compliance
Lightning Source LLC
Chambersburg PA
CBHW021839170526
45157CB00007B/2852